絵本は心のへその緒

赤ちゃんに語りかけるということ

松居直

NPOブックスタート

はじめに

赤ちゃんと絵本

NPOブックスタート

「赤ちゃんと絵本」という組み合わせに、人はどのようなイメージを持つだろうか。

自治体がおこなう〇歳児の健診などで、絵本をひらく楽しい体験とともに、赤ちゃんに絵本を手渡す「ブックスタート」は、一九九二年にイギリスで発案され、日本では二〇〇一年に活動が開始した。絵本を一緒に読むだけでも、絵本をプレゼントするだけでも、この活動は十分ではない。「体験」と「絵本」をセットで届けることが大切だ。

それから十七年が経った二〇一八年八月末現在では、全国の五十九％にあたる一〇三二市区町村（NPOブックスタートが活動内容を直接把握している地域数）が実施し、活動を開始する自治体は現在も増え続けている。これまでに約六百万人以上の赤ちゃんが対象となった。

ブックスタートが日本に紹介された二〇〇〇年当時、対象年齢をおよそ〇、一、二歳とした「赤ちゃん絵本」の出版点数は、まだそれほど多くはなかった。また、全国各地にある公共図書館のなかで、児童書コーナーに独立した「赤ちゃん絵本」のスペースを設けたり、参加者を「赤ちゃん」に限定したおはなし会をひらいたりするところは少なかった。ときには騒がしい存在になってしまう小さな赤ちゃんを一利用者として位置づけ、来館を積極的に呼びかける図書館も当時は珍しかった。

そのため「赤ちゃんと絵本」という組み合わせに対して、何か具体的なイメージを思い浮かべる人は少なく、ブックスタートについても「まだ言葉を話すこともしない生後数か月の赤ちゃんに、絵本は早いのではないか」といった反応があった。

一方、活動の目的が早期教育と結びついた形で捉えられ、赤ちゃんが「早く文字や数字を覚える」「将来、本をたくさん読む子になる」ことを目的にしていると誤解されることもあった。しかし、早期教育とブックスタートは、目指すところがまったく違う。

私たちは、二〇〇〇年にイギリスの活動について学んだ際に「Share《シェア》 books《ブックス》 with《ウィズ》 your《ユア》 baby《ベイビー》!(赤ちゃんといっしょに絵本の楽しさを分かち合おう!)」というキャッチフレーズから、活動の根本にある本質的なメッセージを受け取り、その考えを中心に据えて日本のブックスタートを立ち上げた。

つまり「絵本をひらく時間」とは、単に絵本を読みきかせる一方的な営みではなく、読んでもらう赤ちゃんにも、読み手の大人にも、なにかしらの共通の喜びを感じられるひとときになるのではないか。そのとき絵本は、読む（read）ものではなく共有する（share）ものになる――。そう考えたのである。

こうした理解のもと、日本のブックスタートの理念を構築していく際に大きな役割を果たしたひとりが、松居直である。児童書の編集者として数多くのロングセラー絵本を生み出してきた松居は、二〇〇〇年に「子ども読書年推進会議」〔1〕の副代表を務めるなかで、ブックスタートと出会った。それ以降、活動の立ち上げに携わり、ＮＰＯブックスタートが設立されると理事長に就任し、組織の運営に関わってきた。

松居は児童書の編集者として、また三人の子どもの父親として、長年にわたって「絵本の持つ意味」について考えてきたという。そして赤ちゃんにとって誰かと一緒に絵本をひらくことは、なによりもまず「声の言葉」を聞く体験となることに気づく。「赤ちゃんに絵本がわかるのですか？」という問いに、松居は「赤ちゃんにとって絵本は、わらべ唄や子守唄のようなものです」と答えている。自分のことを大切に思ってくれる人からの、気持ちのこもったあたたかい言葉を聞くことが、子どもの育ちにおいて、もっと言えば、人間が生きていく上で、欠かすことのできない経験になるという確信に至ったという。

たとえ赤ちゃんがまだ言葉を使ってコミュニケーションをはかることができなかったとしても、語りかけられる言葉を全身で受け止め、それを手がかりに、気持ちを通いあわせることができる……。ここに赤ちゃんと絵本をひらくことの、本質的な意味があるのではないかと考えたのだ。

こうした考えは、松居が「そもそも人間にとって『言葉』とは、どのような意味を持つのか」ということを繰り返し考えてきたことをも反映したものだろう。ブックスタートの理念を構築する際に、松居のこうした考えが加わることによって、私たちは活動をさらに広く深い視点から捉えることができた。

活動のキーワードのひとつは「声の言葉」である。

この「声の言葉」はそれが人間のコミュニケーションの根本に関わるものであ

るからこそ、ブックスタートは世界の人々とも共有できる、普遍的な価値を持った活動になりうると考えるようになった。こうして私たちは「赤ちゃんと絵本」に対して、より具体的なイメージをつかみ、それを活動の推進事業のなかで繰り返し全国各地の関係者に伝え、共有してきた。

実際に各地の活動のなかで絵本をひらいて語りかけると、赤ちゃんはさまざまな反応を見せてくれた。にっこり笑ったり、声をあげて喜ぶこともあれば、じっと読み手の顔や口元を見つめることもある。絵や本そのものに興味津々で手を伸ばす子もいれば、分かりやすい反応を見せない子もいる。そうした赤ちゃんそれぞれの反応に対して読み手がさらに「声の言葉」で語りかけることで、お互いの気持ちが通いあうような、至福のひとときが生まれることを、私たちは何度も経験した。

活動を継続するうちに、ブックスタートが届けようとする絵本のひとときは、赤ちゃん一人ひとりの個性に向きあうことにもなり、大人が「赤ちゃん」という存在に改めて出会う機会になることにも気づいた。

ブックスタートの理念は、各地での活動の実践を通してさらに深まりを見せている。そして関係者のあいだに生まれたこうした理念への大きな共感が、現在に至る活動の広がりにつながってきたと考えられる。

このたび私たちは、「赤ちゃんと絵本」や「ブックスタート」についての松居の考えを、ひとつの資料としてまとめたいと考えた。そうすることで、現在多くの人がその実施に関わっているブックスタートという活動の理念が、どのような考えを編み込みながら構築されてきたのかを、誰もがいつでもどこでも知ることができるようになるからである。

そこで、これまでの松居の講演や発言の記録を、本人の了解を得て書き起こして編集し、まとめたものが本書である。内容は、以下の記録を元にした。

●講演記録
「第一回ブックスタート全国大会開催にあたって」（東京都・二〇〇二年）
「初めに言葉と愛があった」（台湾・二〇〇二年）
「ブックスタートと絵本の力」（北海道・二〇〇四年）
「絵本のよろこび　ブックスタートのこころ」（鳥取県・二〇〇五年）
「子どもの成長と絵本」（沖縄県・二〇〇七年）
●インタビュー記録
ＮＰＯブックスタートによるインタビュー（二〇〇六年、二〇一四年、二〇一八年）
●発言記録
ＮＰＯブックスタート理事会・総会（二〇〇四年～二〇一四年）

本書では、右記の記録から特に「赤ちゃん」「ブックスタート」という文脈のなかで語られた内容に絞ってまとめることにした。松居自身の著書には「絵本」や「言葉」をテーマにしたものも多く、ブックスタートの理念につながる内容が書かれたものもある。それらの著書と併せて読むことで、ブックスタートについても一層理解が深まるのではないかと思う。

本書を発行することによって、人々が「赤ちゃんと絵本」という組み合わせに対して抱くイメージに、より豊かであたたかい彩りを加えることができれば幸いだ。そしてそのことが、ブックスタートへの理解を広げ、活動のさらなる発展に寄与することを願っている。

〔1〕子どもの読書に関わる約二百八十の団体・企業・個人が参加。日本にブックスタートを紹介し、活動を立ち上げた民間組織。

第一章　言葉とは何か

1　母からもらった、生命を支える「言葉」

私たちはどのようにして言葉を話したり、聞いたりして、意味を理解できるようになったのでしょうか。言葉は誰からもらったのでしょうか。おそらく学校に行く前には、すでに話したり聞いたりできるようになっていたはずですね。

私は、言葉は母からもらったものだと思っています。

私の日本語は「国語」ではなく「母語」です。英語でmother tongue《マザー　タング》——つまり母の言葉です。父親や他のきょうだいもおりますし、人によっては母親に代わりうる大切な方からという場合もあるかもしれませんが、象徴的には母からもらいました。

改めてそんなことを考えていたら、母からもっと大切なものをもらっていたことに気づきました。それは「生命《いのち》」です。これはかけがえのない、まぎれもない事実です。そして同時に「生命の器」である「身体《からだ》」をもらいました。生命と身体は切り離すことができません。身体がなくなると生命がなくなります。生命がなくなると身体が消えます。

そのあとに私は、生命を支える「言葉」をもらいました。最初にもらったのは、名前という言葉ですね。私たちは言葉なしには、生きていけません。私は、母が語りかけてくれる声を繰り返し聞くことで、言葉を身につけました。

言葉を持っているということは、「生きる力」を持っているということ。だから「豊かな言葉」を持っているということは、「豊かな生きる力」と「可能性」を持っているということです。言葉が生命を支える「生きる力」なのです。

私たちは受け継いだその言葉を、次の世代に豊かに渡していかなければならないのです。

2　言葉とは「人間の気持ち」

赤ちゃんを抱いているお母さんは、赤ちゃんが寝ていないかぎり、なにかしら声をかけているように思います。その時その時の気持ちが自然と言葉になるわけですから、特別な内容があるわけではありません。しかしその言葉のひとつひとつは本当にあたたかいのです。わが子に対する思いが無意識のうちに込められているのでしょう。

お母さんのあたたかい腕に抱かれるとき、赤ちゃんはその声を聞きながら、お母さんが一生懸命に自分のことを感じてくれている、ということをだんだんと理解します。私たちの出発点には、あたたかい腕と言葉に抱かれ包まれる体験があったのです。さらにこのとき、赤ちゃんにはお母さんの胸の鼓動が伝わります。人の心臓の鼓動というのは一人ひとり違うのだそうです。アメリカの学者であるバリー・サンダース〔2〕が著書『本が死ぬところ暴力が生まれる』のなかで、子どもの言葉の発達の原点はお母さんの胸のなかだ、という趣旨の発言をしています。お母さんの心臓の鼓動と呼吸が赤ちゃんの意識にきざまれることによって、赤ちゃんは最初に「音声をリズミカルに聞くこと」を身につけるといいます。

確かに、心臓の動きを感じることは、生命が伝わってくるということです。生命はリズムを持っていますから、「お母さんの鼓動と呼吸のリズムが言葉の原点だ」ということに、私はとても納得がいきました。

赤ちゃんは、お腹のなかにいるときからお母さんの声と鼓動を聞いていますね。ですから「この声と、この鼓動が聞こえていれば大丈夫」「この人がいれば安心」という絶対の信頼感を、生まれてすぐに感じるのでしょう。「人間を信じる」ということは、そこから始まるのだと私は思います。

こういうときの赤ちゃんは、五感が豊かに働き、感覚がひらかれています。お母さんの声と鼓動が聞こえ、顔が見えて、目が合って、やわらかい胸とあたたかい腕に抱っこされるわけです。お母さんの匂いもします。私は子どものときに母と一緒に寝ていましたから、母親の匂いをいまでも覚えています。

赤ちゃんの感覚がひらいているなかで、「気持ちいいね」「寒いかな」「眠くなってきたね」と語りかければ、すべての感覚が言葉につながっていくでしょう。

赤ちゃんが最初に覚える言葉とは、このように、語りかけられる声を耳にしているうちに、ごく自然に口移しで覚えるものです。赤ちゃんは口でお乳を飲むように、耳に入ってくる言葉を食べるのでしょう。そして言葉を食べるとき、気持ちも一緒に感じ取るのです。

言葉は「意味」ではなく、「人間の気持ち」です。言葉を通して母親の息づかいや子どもに対する愛情が伝わります。こうして人とのつながりのなかで生きた言葉を耳にすることで、言葉に対する赤ちゃんの感覚が目覚めていくのです。

3　心に深くきざまれた「子守唄」と「言葉」

ある新聞に掲載された音楽評論家の湯川れい子さんのエッセイに、こうありました。赤ちゃんのいる四〇〇人のお母さんに、音楽に関するアンケート調査をし、そのなかに「子守唄が歌えますか？」という項目を入れておいたところ、「はい」と答えた方は、一％もいなかったということでした。

いま私たちは、昔よりも子守唄を歌わなくなりました。しかし小さな赤ちゃんが子守唄を聞くことは、言葉の体験として、とても大切だと思います。

子守唄というのは不思議なものです。

なぜそう思うかといいますと、私はいまでも子守唄を歌えるからです。

私の最初の子どもが生後二か月頃のことでした。むずがりそうだからと私はその子を抱き上げて、自然と子守唄を歌い始めました。自分の母親が歌っていた「ねんねんころりよ　おころりよ」という古い子守唄です。かなり長いフレーズを無意識のうちに歌っていました。しばらくしてから子どもが落ち着いたので「ああ、やれやれ」と布団に置き、そのあとで私は、自分が自然と子守唄を歌っていたことに気がついて驚いたんです。

私は子守唄を教えてもらったことは一度もありません。ましてや自分に歌ってもらった赤ちゃんのときの記憶は、どこにもありません。それなのに、二十五年を経てもなお、どうして歌えるのか、子守唄は私のどこに入っていたんだろうか、と。しかも、あとから岩波文庫〔3〕で調べましたら、覚えていた子守唄は非常に正確でした。

そのときから私は、そのことにかなりこだわって考えました。

言葉とはいったい何なのか、いったいどこに残っているのだろうか。どうして無意識のうちに言葉を受け止めて、しかもそれをちゃんと覚えているのか。言葉の体験とはいったいどういうふうになっているのか、ということをずっと考えていました。ちょうど絵本をつくり始めた頃でしたから、余計に、子どもの言葉の体験というものに関心があったのでしょう。

また私の母は、孫によくわらべ唄を歌ってやっておりました。そしてその母が亡くなる臨終のときに、孫たちは母の耳元で自然と、昔に教えてもらったわらべ唄を歌っていました。

言葉は目に見えません。でも気持ちを込めて語られた言葉は、人間のものすごく深いところに伝わり、残り、そしてときを経て出てくるのですね。私は、こうした貴重な体験をしたことで、言葉というものの本質を、改めて考え直していかなければならないと思うようになりました。

「ブックスタート」という活動を知ったときに、私はそのことを強く感じました。なぜなら絵本をひらいて、楽しみながらゆっくりと繰り返し語りかけることは、赤ちゃんにとって、わらべ唄や子守唄を聞くのとまったく同じ体験になると思うからです。赤ちゃんと絵本をひらく場合でも、初めから「絵本を読もう」としなくていいと思うのです。絵本を読みながら「あ、ネコがいるね」とか「おいしそうだね」とか言葉をかけますと、それだけで赤ちゃんは、ふとそちらを見ます。そのときに絵と言葉が結びつき、同時に言葉をかけてくれた人の自分に対する気持ちというものを感じますよ。

そういったことがブックスタートの原点なんですね。

4　絵本は「心のへその緒」

ブックスタートで赤ちゃんが受け取る絵本のことで、ひとつ私が願っていることがあります。

おそらくその絵本は、赤ちゃんが舐めたり噛んだりして、破れたり汚れてしまったりすると思うんです。でもどんなにボロボロになってもそのまま取っておいていただきたいのです。そして、子どもが大人になる節目で最高のときに、その絵本をきちんと包んでリボンや水引をかけ、手渡してやってください。いちばんいいのは結婚のときでしょうか。成人式のときでもいいですね。

なぜかというと、私は「初めて手にした絵本」というのは、へその緒と同じだと思っているからです。

私が小学校五年生か六年生くらいのときに、母親のたんすの整理を手伝っていると、奉書紙に包まれ水引がかかった上に、私の名前が書かれたものが出てきました。「何が入っているの?」と母親に聞くと、「へその緒が入っている」と言います。私はそれをひらきました。するとなかから黒いゴミみたいな、得体の知れないものが出てきたんです。

「これがあなたのへその緒よ」と母親に言われ、こんなもので母親とつながっていたのか、とびっくりしました。でもそのときに、母親との奇妙な結びつきを感じ、何かものすごく大きな意味があると直感しました。そして「そういうものを取っておいてくれた」ということにも、しみじみと感じ入りました。

そんな経験があるものですから、ブックスタートで受け取った絵本も「心のへその緒」として「これはあなたが最初に手にした絵本よ」と手渡してやってくださるといいのではないかと思うのです。

仮に下のお子さんが同じ本をもらってもいいんです。同じ本は家に一冊あればいいもんだ、と普通は考えられますけれど、私はそうではないと思っています。本というものはその子との結びつき、その子のへその緒になるんですね。

わが家には、同じ本が四冊あることがありました。なぜかというと私は、子どもが好きだという絵本は無理してでも買うほうですから、年子で生まれた三人の子どもたちは、自分の好きな絵本はそれぞれ持つことになります。みんなが同じ絵本を好きなときは、私のを入れますと四冊になるんです。

本箱はひとりずつ作ってありますから、大学生になってもそこに絵本を立てているんですね、自分の絵本として。幼稚園の頃に読んでもらった絵本と大学生になって読む本が、同じところに立ててあって、一人ひとりの子どもの精神的なルーツがはっきりと分かる。たまには絵本を引っ張り出して読んだりもしている。それが、その子のルーツになるんですね。

5　子どもの言葉は聞き覚え

「人間は言葉をどのように身につけるのか」ということを考えるのは、ブックスタートにとって、とても大事なことです。

やがて赤ちゃんが少し大きくなると、普段の生活のなかでどんどん言葉を身につけていきます。最初に覚える言葉は、お乳を飲むように口移しで覚えると申し上げましたが、最初に覚える言葉にかぎらず、子どもが使っている言葉はすべて、生活を共にする人の使う言葉の伝承、「聞き覚え」から始まるのです。子どもは、生活を共にする人の言っていることに、非常に聞き耳をたてています。

たとえば私たちの体は、すべてに名前があります。ものにも、すべて名前、言葉があるのです。「コップ」というのも、まわりの人が「コップ、コップ」と言っているから、これが「コップ」だということが分かるようになります。「水」も「ガラス」もそうですね。人間の感じ方でいえば、「痛い」も「寒い」もそうです。「嬉しい」「悲しい」という人間の感情もすべて言葉です。

そういった言葉は学校で習うわけではありません。普段の生活のなかで、人といっしょに暮らしていて身につけるものです。

話し方もそうです。私は古い人間ですから「子どもに絵本を読んでやる」といいます。いまは「子どもに絵本を読んであげる」という方が多いのかもしれません。私たちの世代は子どもに丁寧語を使うことはありませんでした。そういう区分を知っていたわけではありませんが、まわりの大人が話をしているのを聞いて覚えたんですね。教えられるとなかなか自由には使えないけれど、自然に身につくと割合に抵抗なく使えるんですね。

いまはもう大きくなった孫娘が三歳のときに、皆で一緒にレストランで食事をしていたときのことです。突然その子が「あ、おとなのあじだ」と言いました。当たっていたんです。本当に「大人の味」でした。私はびっくりしてその子の顔を見ました。他の大人も一斉に見ました。その子は「してやったり」という、嬉しそうな顔をしていましたね。

子どもは好奇心の塊ですから、まずは言葉だけ覚えます。そしておそらくそれまでに何度か使ってみたと思うんです。だいたい外れです。大人の味なんて分からないですよね。ただそのときは当たったんです。それで私は「この子は大人の味を覚えてしまったね」と思いました。

生活のなかには、そのような不思議な言葉がいっぱいあります。子どもたちは、それを興味津々で聞いて、使ってみて、成功したり失敗したりする。それを繰り返すなかで、見事な言葉の使い手に成長していくのです。ですから私たちが日常のなかでどんな日本語を使っているかが、非常に重要なのです。

私たちの言葉は、教えられたのではなく、日常の生活のなかで学んできたのだという原点を、もう一度ちゃんと考えていく必要があると思います。

6　遊びが五感を働かせる

子どもがいちばん言葉を覚えるのは、赤ちゃんのときと同じように、五感を働かせているときでしょう。そして本当に言葉を「知る」ためには、それ以前に豊かに「感じる」体験が必要です。子どもが最も五感を働かせているのは、遊んでいるとき。ひとり遊びのときも、仲間と遊んでいるときも、いちいち口に出していなくても言葉を感じています。ですから、豊かな言葉を身につけるためには、まずは子ども時代にたっぷりと遊ぶことがなによりも大切なのです。

私は京都に生まれ、幼稚園から小学校の頃は一年中、鴨川で遊んでいました。夏にそこで足をつけたときの、ひんやりと冷たい気持ちよさはいまでも覚えています。冬はもう、手が切れるように痛い冷たさです。私は春、夏、秋、冬の鴨川の温度を知っています。その体験があるから、童話や小説で「冷たい」という言葉が出てくると、その冷たさを身体のなかに感じ取ることができます。しかし「冷たい」ということを身体で実感したことがないと、物語の状況や人物の気持ち、感覚が伝わってきませんから、物語に入っていくことはできないでしょう。

ですから、子どもを本だけの世界に囲い込まないでいただきたいのです。子どもと一緒に体験し、そのとき大人が豊かな言葉を語りかけたりして、生活そのものを豊かにすることが大切です。そういったなかに本というかけがえのない世界もあるのです。「本の世界」は、生活のなかでは体験できない「言葉の世界」です。その両方のバランスがとれて初めて、子どもの言葉が本当に豊かになるのです。

〔2〕バリー・サンダース　言語、文学、思想、芸術など幅広く研究・考察してきた学者。『本が死ぬところ暴力が生まれる』杉本卓訳　新曜社（一九九八）

〔3〕岩波文庫『わらべうた』町田嘉章、浅野建二　岩波書店（一九六二）

第二章　共に居るということ

1　声の言葉と機械の言葉

現代は「言葉の消える時代」だと私は捉えています。「人間の口から出る声を、じかに聞く」、そういう声としての言葉の体験が、どんどん貧しくなっているように思います。

一方で、言葉は充満しているようにも思われます。

スイスの哲学者であるマックス・ピカートは「現代は機械語と騒音の時代だ」と言っていますが、機械からは毎日、朝から晩まで言葉があふれ出てきます。家庭ではテレビが中心となり、テレビからはいろいろな人が話す音が流れてきます。また人間同士のやりとりも、携帯電話やパソコンを通してなされることが多くなりました。

けれど機械を通した言葉では、対面して人と話しているときに伝わってくるような、さまざまな感性や細やかな気持ちまでは感じられないのです。機械は人間ではないのです。人と会って話していると、気持ちをごまかすことはできません。人間には心があって、それが見えないところで働いているからです。

現代のＩＴの発達は、文明の成果として、それはとてもすばらしいことです。ただ、それが人間性にどのような影響を与えるのかということは、まだ分かっていない部分が多いでしょう。

大切なのは、何にでも機械を使うのではなく、人間は何をするのか、人間が機械をどう使うのかということです。

動物のなかで言葉を持っているのは人間だけです。その言葉が弱くなったら、人間の存在そのものが本当に弱くなると、私は思います。

いま子どもたちは赤ちゃんのときから、機械の言葉にあふれた環境で暮らしています。一瞬たりとも静寂の時間がないほどです。でも機械を通した言葉では、人間の言葉は育たないのです。また字が読めて、知識や情報を頭に入れるだけでは、人間は育たないのです。

人が人と共に生きていくために必要な「言葉に対する感性」は、人間の気持ちに支えられた「声の言葉」によってのみ育つのです。

2　読み手の声が心に残る

その「声の言葉」の豊かな体験の場としてあるのが、「絵本を一緒に読む」ということです。

「絵本というものの意味や役割は何ですか?」と、ときどき聞かれることがあります。それは「共に居る」ことだと私は思っています。

親と子が共に居て、その生活の時間と空間のなかに「言葉」があること。そして「読み手」と「聞き手」がその言葉の喜びを「共有（share《シェア》）すること」に、絵本の最も大切な意味と役割があります。

イギリスで発案された「ブックスタート」のキャッチフレーズは「Share《シェア》 books《ブックス》 with《ウィズ》 your《ユア》 baby!《ベイビー》」ですが、まさにそのことを語っていると感じました。

絵本の編集者として私は、「絵本は子どもに読ませる本ではなく、大人が子どもに読んでやる本だ」と言い続けてきました。子どもが「本を読んで！」というのは「一緒にいて！」ということです。子どもはお父さんとお母さんと「一緒にいたい」んです。抱っこしたり体を寄せ合って一緒に読むと、子どもは本当に喜びます。

もっと言えば、絵本は作者のものではなく、読み手のものです。

子どもたちは、作者の名前は覚えていなくても、誰に読んでもらったかは、覚えているものです。読んでもらったその声が子どものなかに残り、大きくなったときに本の世界と喜びがその声を通してよみがえってくるのです。

私が大学で教えていたときに、学生さんに「『ぐりとぐら』(4)を知っているか」と聞くと、たいていの方は知っていました。その次に「作者は誰か」と聞きますと、かなりの学生さんが「分からない」と言います。それでいいんですよ、ちっとも構わない。

しかし次に「誰に読んでもらったか」と聞くと、ほとんど全員が答えられます。「お母さん」が圧倒的に多いです。その次が「幼稚園や保育園の先生」、次に「お父さん」がようやく出てきます。「文庫のおばさん」や「図書館の人」という学生さんもいます。みんな読んでもらった人のことを覚えているんです。また幼稚園の先生が好きな本は、子どもたちにはすぐに分かるといいます。それは、本に共感しているときの喜びが、先生が語る言葉のなかに伝わってくるからです。

本の言葉と物語体験は、読んだときの喜びや楽しみが大きければ大きいほど、読み手の声で子どものなかに生涯残り続けるのです。それがお母さんが読んでくれた絵本、お父さんが読んでくれた絵本の意味です。「喜びを共にする」ということは、人間が成長するときにとても大切なことなんですね。特に幼児期にそれを何度も経験することが、子どものなかに、思いもかけない大きなものを残していくわけです。

喜びを絶えず感じている子どもは、「自分で生きていく力」を持つと思います。

3　手を使って本を見る

子どもと絵本を読むときに、「本が造形であること」は、とても大きな意味があります。

本にはまず「大きさ」があります。

縦長や真四角などの「形」があります。

左開き、右開きという違いもあります。

一冊ずつ重さも違います。手触りも違います。

さらに私は小学生のときに気づいたんですが、本は閉じるときに音がします。「パタン」と。それも一冊一冊、全部音が違います。私は子どもの頃からこの音が好きでした。この本はどんな音がするだろうと、とても楽しみでした。

本というものは、独特の造形芸術なんですね。

絵本を読むときは、その造形である本を手でめくります。手の動きというものが、ものすごく大切なのです。そのときの気分や物語にしたがって、早くめくったり遅くめくったり、立ち止まったり戻ったりすることもできます。そして最後まで読んだら、パタンと本を閉じます。

「映像」と「本」の文化では、「見る」ということでは共通していますが、本は受身ではなく、自分たちで触ったりめくったりという「手を使って見る」文化です。そこが、テレビやアニメーションとは決定的に違うところではないでしょうか。

人間にとって「手を使って何かをする」ことはものすごく大切です。子どもの育ちにとっても、大切です。

お母さんが手を使って本をひらくと、赤ちゃんも手を伸ばします。自分の手で触って、造形である本を確かめようとするのです。手の体験を通して、「本を見る」という文化を身につけていくんですね。それは人間として基本的なことを始めたということですから、赤ちゃんにはたくさん本に触らせてやっていただきたいと思います。

4　言葉の世界を、手をつないで旅するように

私は自分の子どもたちに十年間ほど本を読んでやってきました。私は本当に忙しい父親でしたが、子どもに本を読んでやる時間はあったんです。よく、晩ご飯をおなかいっぱい食べたあとに、それでも最後にデザートを食べるときに、「これは別腹だ」と言います。本を読んでやるというのはあの感覚ですね。

私たちには「生活の時間」とか「仕事の時間」とは違う時間があるのです。その時間を五分でも十分でも見つけ出せば、子どもに本を読んでやるということはできます。

絵本を読み始めたのは、最初の子どもが一歳のときです。「岩波の子どもの本」

を本屋さんで見つけて、本格的な物語絵本だと思い、家でもたびたび読んでいました。

あるときそのなかの一冊を、息子がひとりで、小さい手でめくって見ていたんです。『はなのすきなうし』〔5〕でした。

子どもは手を使うことが好きですから、絵本をパッと開ければ絵が出てくる。そのパッと開けたところの絵を見ているのです。「こんな小さな子どもが絵本に興味があるのか」とびっくりしました。私も幼稚園の頃には絵本をよく読んでもらっていましたけれども、そんな小さい頃のことは分かりません。

それで私はその子をひざに乗せました。こんなに興味があるのなら読んでやろうかと。分かっても分からなくてもまあいいや、という気持ちで読んでみました。ひざに乗せたままで、顔はむこうを向いていますから、分かっているのかいないのか判断できないのです。でも一生懸命聞いていることは、ひざの感触を通して分かるんですね。スキンシップと同じですから。「ああ、こんなに興味を持つのか」「こんなにちゃんと耳を傾けるのか」と、伝わってくるのです。

父親に抱っこされて生まれて初めて絵本を読んでもらう、語りかけられる、ということが、その子には非常に新鮮な体験だったのだと思います。白黒の挿絵でその年齢にはまだ難しい本ですから、おはなしの意味はまだ分からなかったと思いますが、どこか緊張しながら最後まできちんと聞いていたので、私は「すごいねえ」と思いました。

そして次の日の晩、私が仕事から帰ってくると、息子はその本を抱えてよちよちと玄関に出てきて、その本を差し出すんです。読めということです。ひと休みしてから抱っこして読んでやると、また最後まで聞くんです。前日よりもっと一生懸命に聞いているのがよく分かりました。子どもはそういうふれあいのなかで、言葉があって、そして言葉だけではなく、いろいろなものを、感じ取るのでしょう。これが、私が子どもに本を読むようになった出発点です。

わが家の子どもたちは三人とも、自分で本を読めるようになっても、読んでもらうのがとっても好きでした。

子どもたちが少し大きくなると、長編物語を読んでやったこともあります。私が大変好きな『たのしい川べ』〔6〕や『ドリトル先生アフリカゆき』〔7〕、『クマのプーさん』〔8〕も読みました。

本を読んでいるあいだは、大人も子どももなく、子どもたちと気持ちも一緒にいられるのです。そこには他のものが何も入ってこない。

同じ言葉の世界を、手をつないで旅をするような感覚でした。

子どもに本を読んでやるとき、いちばん楽しいのは読み手自身ですね。子どもがじーっと聞いて喜ぶことは、読み手にとってはなかなか手ごたえがあります。子どもが喜ぶと、こちらに喜びが返ってくる。つまり、読んでもらうほうだけでなく、読むほうにも喜びがあるんです。

「こんなことに興味を持っているんだなあ」と知ったり、本を読みながら子どもの成長を感じたりすることも、親にとっては大きな喜びでした。

子どもたちは、聞いた言葉、本当に楽しかった言葉を、いつまでも覚えていま す。不思議と覚えているものです。

あるとき、大人になった息子のひとりが神妙な顔をしてやってきて「結婚しようと思うんだけど」と言ったんです。私はつい「どんな人?」と聞きました。するとその子は「オーリーよ」と言ったのです。私は「ああ、そうか」とだけ言いました。私にはその人のイメージが、ちゃんと分かりました。「ははあ、オーリーみたいな顔……、目がぱっちりしていて卵形で、かわいらしい顔、まあヒゲはないよね」と思ったのです。

『海のおばけオーリー』(9)は、幼稚園の頃から小学校の二年生ぐらいまで、その子に何度読まされたか分かりません。その子がいちばん好きな絵本でした。すっかりそのことは忘れていましたが、突然「オーリーよ」と言われたときに、私は「あっ、オーリーを覚えているのだね」と思ったのです。そうしたら私が分かったというのが瞬時に相手に伝わりましたから、息子も「あっ、親父覚えている」

という顔をしたんですよ。

一緒に絵本を読むということは、そういうことなんです。

絵本を読みながら喜びを共にしたことがどこかに残っていて、年月を経てそれが再び言葉になって出てくる。

そのときにはお互いに、過去のことをちゃんと思い出す。

私は読み手として、その子は聞き手として。

これはとても面白い体験でした。

5　絵本は子どもに読んでやるもの

また、こんなこともありました。『ぐりとぐら』は親子三代で読んでいる絵本です。私は子どもに読んでやり、子どもは孫に読んでやり、と続いています。つまり孫は自分の親から読んでもらったわけですが、あるとき私が「ぐりとぐら」と言うと孫は、「じいじ、どうして知ってるの」と。そうなったら私は調子に乗って「ぼくらのなまえは ぐりとぐら。このよで いちばん すきなのは、おりょうりすること たべること。ぐりぐら、ぐりぐら…」

孫はとびあがるほどびっくりです。ぐりとぐらを知っているじいじ。これは評判がよい。同じ言葉を共有しているということが、お互いにとって大きな喜びなのです。

ときには、絵本を読んでやっても子どもが聞いてないと思うことがありますね。私はそれでもちっとも構わないと思っています。読むのも勝手だし、聞くのも勝手。読んでいる途中で子どもが立ち上がったり、部屋のなかをぐるぐる歩き出したりしても、私は読み始めたら最後まで読むほうですから、聞いてなくてもいいよ、と読み続けます。でもあとで子どもから、あの話はこうだったね、と言われることがありました。

また、下の子に読んでやりますと、上の子は面白くないという顔をして隣の部屋に行ってしまいます。ところがクライマックスになると、隣の部屋で笑っているんです。そんな体験もありました。

聞きなさい、と思って読むと、子どもにストレスがかかってしまいます。ですから絵本を読むときは、聞いても聞かなくてもいいよ、でも聞かなきゃ損だよ、と思うくらい気楽にやるほうが、読んでやることが無理のない習慣となっていくと思います。

そして、子どもが字を読めるようになっても、絵本を読んでやることをおすすめします。

子どもは自分で読むよりも、読んでもらうことのほうがもっと好きです。しかも読んでもらったほうが、絵本がよく分かるんです。読み手が自分のなかに絵本の世界をきちんと描いて言葉にすると、聞き手はそれを耳で聞いて、その世界を見ることができる。いきいきとした物語の世界を自分のなかにつくるという「絵本体験」ができるわけです。自分で読んでいるのでは、実は絵本は分からないんです。

ですから、無理はなさらなくてもよいのですが、中学生でも高校生でも大人でも、ぜひ絵本を読んでやってください。

絵本を読んでやることによって、親にかぎらず読み手としての大人は、自分のなかにいる子どもに気づくこともあります。これはとても大切なことです。

ほとんどの人たちが、子どもだった頃のことを忘れていますが、誰もが皆、自分のなかに子どもを持っています。自分が子どものときにどんなことを感じていたか、どういうふうに人との関係を持ったか、あるいは何が怖くて、何が嬉しくて、何が喜びだったか。そこに気がつくと、目の前にいる子どもの表情や言葉がキャッチできるようになっていくのですね。

近頃は、子どもに絵本を読んでやるお父さんも増えました。私が「どうして絵本を読んでやるのですか」と質問しますと、「子どものときに読んでもらって楽しかったからですよ」といった答えが返ってきます。これ以上にすばらしい答えはないのではないでしょうか。そのお父さんとお子さんの喜びと楽しみの共有のなかに、大きな幸せが想像できます。

そんな体験をしたお子さんは、自分が親になったときに必ず子どもに絵本を読んでやるでしょう。「だって、子どものときに読んでもらって楽しかったから」と思いながら……。

〔4〕『ぐりとぐら』 中川李枝子作、大村百合子絵 福音館書店（一九六七）
〔5〕『はなのすきなうし』 マーロン・リーフ文、ロバート・ローソン絵、光吉夏弥訳 岩波書店（一九五四）
〔6〕『たのしい川べ』 ケネス・グレーアム作、E・H・シェパード絵、石井桃子訳 岩波書店（一九六三）
〔7〕『ドリトル先生アフリカゆき』 ヒュー・ロフティング作・絵、井伏鱒二訳 岩波書店（一九五一）
〔8〕『クマのプーさん』 A・A・ミルン作、E・H・シェパード絵、石井桃子訳 岩波書店（一九四〇）
〔9〕『海のおばけオーリー』 マリー・ホール・エッツ文・絵、石井桃子訳 岩波書店（一九五四）

第三章　ブックスタートについて

1　家庭に気持ちの通じる言葉を

イギリスで始められた「ブックスタート」という活動を初めて聞いたとき、そこに社会における人間尊重のとてもあたたかい思いを感じ、日本でも始まればいいと願いました。私はなかでも「家庭に本を届ける」というやり方が、とてもよいことだと思いました。

日本ではどちらかというと、家庭よりも学校教育のなかで「本」や「言葉」というものを考えているほうが多いように思います。

また、本や読書に関心のあるご家庭は、結構あるかもしれませんが、本を通して子どもの「知識」や「情報」を増やし、頭の働きをよくさせたいと考えている保護者も多いのではないでしょうか。

言葉には、知識や情報のように「頭のなかに入る言葉」と、気持ちを耕す「心に入る言葉」があると思います。心に入る言葉は感じる力になりますから、これを失うと自分を見失ってしまう。自分を見失うと、人のことも見失ってしまうんですね。

そもそも、早くから文字を覚えても、読書力は身につきません。赤ちゃんの頃から繰り返し聞くことで、言葉を好きになり、やがて文字を読みたくなる。字を教えなくても子どもは自分から文字を読むようになります。ですから頭の働きがよくなるための目的ではなく、家庭の生活のなかで、子どもたちの心に響く豊かな言葉を語りかけることがとても大切なのです。

言葉の体験は、人類が何万年か前、言葉を使い始めたときから「話す」「聞く」が原型です。「読む」とか「書く」に関してはたかだか四〇〇〇年ほど前、文字をつくり「文字を書く」「文字を読む」という文化をつくり上げたのですね。「声」

の文化から、「文字」の文化となるわけですけれど、言葉の本質は「話す」「聞く」が最初です。

それをもう一度、子どもの育ちのなかで私たちがちゃんと考えなければなりません。位置づけるとか、そんな難しいことではなくて、子どもに語るということ、子どもが聞くということ、そのことを文字が読めるようになる前に本当に豊かに体験しないと、読書ができなくなるわけですね。

ほとんど九十九パーセントの識字率を持っている国の人々が、どうして本離れをするのでしょう。「話す」「聞く」体験が欠けてきているからではないでしょうか。これは、本離れ、活字離れではなくて、言葉離れです。言葉の消える時代です。

しかし、お父さんやお母さんが本当に、赤ちゃんに歌いかけるとか語りかけることをごく自然にやって、そして赤ちゃんの反応がちゃんと返ってくれば、これはとても幸せな言葉の体験ができるのではないだろうかと思っています。

ですからブックスタートも「言葉を教える」とか、単に「本を読んでやる」ということではないのですね。本は言葉の世界です。ひとつひとつの本に違った言葉の世界があります。

絵も言葉です。抽象的な絵でも言葉にならない絵はありません。赤ちゃんがその絵を見るときに、語りかければ、本のなかには活字になっている以上に、たくさんの言葉があるはずです。

そこには喜びがある。語る人の喜びと、聞く人の喜びが共にあることが、とても大切だと思います。

ブックスタートがきちんと発展すれば、日本の子どもたちの言葉、日本語そのもの、日本の文化がやがて大きく変わっていくだろうと感じています。

学校でも子どもたちに「語って」やってほしいと思います。語る先生と教える先生は違います。私自身は、子どもの頃に語ってくださった先生のことをいまでも覚えています。その先生の言葉も残っているのですよ。教えてもらった先生や内容は、たいがい忘れましたけれども。

2 「お母さんの幸せ」のために力を尽くす

そしてもうひとつ、私がブックスタートの鍵だと思っていることがあります。それは、「お母さんの幸せ」です。

「赤ちゃんの幸せ」はみんなの願いですが、赤ちゃんの幸せは「お母さんの幸せ」にかかっているのです。お母さんが幸せでなくて、赤ちゃんが幸せになれるはずはないのです。

お母さんの声は、子どもにとって本当にものすごい力を持っています。ですから自分の声で赤ちゃんを喜ばせることができると、それはお母さんの喜びになります。赤ちゃんはお母さんの声と言葉に喜びを感じ、お母さんは赤ちゃんの口から出る声が喜びです。

喜びが喜びを生む。これはとても幸せなことです。絵本をひらくことは、それだけでお母さんを幸せにすることができるはずなのです。

そこで大切になってくるのは、家庭でのお父さんによる支えや、地域社会の支えです。つまり、お母さんに語りかける人がいる、ということです。

ブックスタートでは、絵本を手渡しながら「あなたのことをいつでも考えていますよ」「お手伝いしますよ」と、お母さんに語りかける地域の人がいます。どういうふうに手渡したら、お母さんが幸せになってくださるのか。ただ本を手渡すだけでなく、必ず言葉と一緒に絵本を手渡し、手渡す人の笑顔から、お母さんがそういった気持ちを感じ取ったときに、「自分はひとりではないんだ」と思われるのではないでしょうか。

そういうところからもう一度、地域社会は再生されていくのではないか、そうなればいいなあ、と思っています。

また、地域の保健センターや図書館といった普段は横のつながりのない公的機関が、ブックスタートの活動のなかであたたかい言葉を交わし合い、人々がつながる場所と機会を提供することは、新しい地域社会をつくる上で、とても意味のあることだと思います。そういう環境があれば、お母さんは本当に安心して子どもを育てることができるでしょう。

ブックスタートでは、家族や地域社会みんなで「お母さんの幸せ」のために力を尽くさなくてはなりません。

さらにこれからの子育ては、家族や地域社会だけではなく、企業や組織も子育てにどう向きあっていくかが、大切になってくるでしょう。

私は企業の人間ですが、これからは企業も、そこにいる人すべてを支える共同体を作っていくことが大切だと思います。独身の人も子育てが終わった人も、子育てに興味を持って、子育てをしている人を支えていく。これからはそういう企業共同体が残っていくと思うのです。そういう組織のなかから今後の社会をつくっていく力がでてくるのではないかと思います。

「ブックスタート」は、絵本を普及するための活動ではありません。言葉の世界そのものである絵本に、「お幸せに！」という思いと言葉を添えて手渡し、共に生きることを願うものです。

そこにブックスタートの本質があるように思います。

3　日本のブックスタートをつくる

日本で実際にブックスタートを立ち上げていくことになったとき、イギリスのやり方そのままではなく、日本は日本のモデルをつくらなくてはいけないと、私は強く感じました。日本とイギリスでは、社会の構成も人間の文化も歴史も違うからです。

イギリスのモデルがだめだということではありません。イギリスのブックスタートは、イギリス社会に適応するようにちゃんと考えられているわけですから、日本のブックスタートも、日本の社会と文化と子どもたちの現状にぴったりと合うものをつくる、そのお手伝いをしようと思いました。

そのためには、まず日本の子育ての文化を振り返って検討し、再評価するなかで、活かすべきは活かし、改めるべきは改めて、借りものではなく地に足のついたものをつくらなければ意味がないし、定着もしないと考えたのです。

行政判断によって実施されるブックスタートは、保健センターと図書館という普段は協働することのない組織の連携と、地域の生活に一層密着した展開が大切です。行政が地元住民の子育ての実態と問題点をどのように把握し、責任を持とうとしているかが問われるのです。

この活動の成否は、住民と行政との相互理解と協力にかかっています。また、推進組織であるＮＰＯブックスタートは、大局的な方向性と理念を常にしっかりと持ちつつ、全国一律ではない活動としてトップダウンではない手法で推進しなければ、弊害のほうが多くなってしまい、活動は地域に根づいたものにならないでしょう。同時に、地域性や歴史が異なる市区町村で、それぞれの実施方法を考えておこなわれる活動ですから、そのひとつひとつに丁寧に対応することが、推進組織の責務です。

これらを実現するためにも、ＮＰＯブックスタートは各地でブックスタートに関わる人々との交流を大切にし、できるだけ直接会い、言葉を交わしながら、日本の活動を支えてきました。

これから先も、この「人と人とのつながり」の上に、さらなる信頼関係を築いていかなければなりません。

4　さらなる本質的な広がりのために

こうして日本は、イギリスに続いて世界で二番目にこの「ブックスタート」に全国的に取り組んできました。十七年が経ったいま、日本の社会にどうにか根づきつつあります。私はこの経験は、必ずや他の国々でのブックスタートの実施や、子どもたちの成長の役に立つものだと考えています。

日本の活動の経験をきちんとまとめて情報として出していくときには、「相手をよく知る」ということが必要だと思います。そのためには、まず「自分をよく知る」、つまり私たちの子育て、私たちの社会をよく知るということが大切なのです。

私たちが持っている経験を、歴史のなかでしっかり知っておくことをしないと、相手の歴史とのバランスが取れません。相手を知るために、自分を知るんですね。どこが同じでどこが違うかということをはっきりと知った上で、自分たちの経験を伝えることが、とても大切なのだと思います。

でも、どの国でも共通していることがあります。それは「ブックスタート」が、子どもの人生の出発点に、「喜び」という「生きる力」を贈ろうとしていることです。

(了)

付録 ブックスタートの大切な5つのポイント

NPOブックスタート

「5つのポイント」は、活動への理解を深めることを目指し、イギリスから引き継いだ活動の理念と、日本各地の実践のなかで大切にされてきたことをまとめたものです。

1 目的

赤ちゃんと保護者が、絵本を介して心ふれあうひとときを持つきっかけをつくります

絵本は、赤ちゃんに優しく語りかけ一緒に過ごす時間を、ごく自然に作り出します。赤ちゃんにとって絵本は、読む（read books）ものではなく、読み手と共に楽しむ（share books）ものなのです。

※ブックスタートは、早期教育の活動ではありません。

2 対象

事業を行う市区町村に生まれた、すべての赤ちゃんとその保護者です

保護者のなかには、絵本に関心がある方も、そうでない方もいます。ブックスタートは、赤ちゃんの生まれた環境にかかわらず、全員が対象になります。

3
機会

すべての赤ちゃんと出会える、0歳児の集団健診などでおこなわれます

多くの自治体では、受診率が高い0歳児の集団健診でブックスタートを実施しています。他の保健事業や子育て支援事業などの機会に実施する自治体もあります。

4
方法

絵本をひらく楽しい体験と一緒にあたたかなメッセージを伝え、絵本を手渡します

絵本をただ配るのではなく、ひと組ずつの赤ちゃんと保護者に、絵本をひらく時間の楽しさをその場で体験してもらいます。実際の体験と、絵本そのもののプレゼントは、家庭でも親子が絵本をひらく何よりのきっかけになります。

5
体制

市区町村の事業として、さまざまな分野の人たちが連携して実施します

図書館・保健センター・子育て支援課・市民ボランティアなどさまざまな分野の人たちが連携して事業を進めることが、活動の充実や継続につながっています。

※ブックスタートは、特定の個人や団体の宣伝・営利・政治活動が目的ではありません。

松居 直

1926年、京都府生まれ。1952年、児童書出版社である福音館書店の創業に参画。1956年、月刊物語絵本「こどものとも」を創刊し、編集長として多くの絵本作家を世に送り出してきた。社長、会長を経て、1997年より相談役。2000年、「子ども読書年推進会議」副代表を務めるなかで「ブックスタート」に出会い、活動と推進組織の立ち上げに参画。以来、NPOブックスタートの運営に携わり、理事長を経て、2007年より会長を務める。

装画…**林 明子**　カバー・本文扉『こんとあき』(福音館書店)より
化粧扉　「母の友」1986年9月号(福音館書店)より

装丁…**羽島一希**

NPO ブックスタート(特定非営利活動法人ブックスタート)

独立・中立な立場から日本のブックスタートを推進する、民間の非営利組織。活動の理念を伝え、全国の自治体の実践経験から得られた情報を収集し、資料の発行や研修会開催などのかたちで発信する他、ブックスタート・パックの提供事業を通じて各地域の活動をサポート。また、活動が生まれたイギリスを始め、各国の推進組織と連携し、世界に向けて日本の取り組みを紹介している。
https://www.bookstart.or.jp/

絵本《えほん》は心《こころ》のへその緒《お》 赤《あか》ちゃんに語《かた》りかけるということ

2018年10月5日 第1刷発行　2021年2月1日 第4刷発行

著者……………**松居《まつい》 直《ただし》**

発行者…………白井 哲

発行所…………NPOブックスタート
〒162-0814　東京都新宿区新小川町5-19 角田ビル3階
Tel 03-5228-2891　Fax 03-5228-2894
E-mail　infobs@bookstart.or.jp

発売元…………日販アイ・ピー・エス株式会社
〒113-0034　東京都文京区湯島1-3-4
Tel 03-5802-1859　Fax 03-5802-1891

印刷・製本……**共同印刷株式会社**

N.D.C.914　63p　18cm　ISBN978-4-902077-08-7　C0095　Printed in Japan